12 Secrets de tennis pour gagner plus!

"Ce que vous devez faire et de travailler sur pour gagner tout le temps!"

Par

Joseph Correa

DROITS D'AUTEUR

© 2016 Finibi Inc

Publié par Finibi Inc Tous droits réservés.

La reproduction, partielle ou totale, de ce livre est interdite sans autorisation de son éditeur sauf pour de brèves citations utilisées pour des avis concenant ce livre.

La distribution de ce livre par Internet ou par tout autre moyen sans l'autorisation expresse de l'éditeur et l'auteur est strictement interdite et illégale et fait objet à une poursuite judiciaire.

Seul l'achat des éditions de ce livre est autorisé.

S'il vous plaît demander l'avis de votre médecin avant toute application de nos recommendations inclus dans ce livre.

ACQUITTEMENTS

Ce livre est dédié à mon père, Jorge, pour tous le soutien et l'encouragement à travers les années. Son amour pour le tennis m'a montré comment ce jeu peut être amusant et lucratif.

12 Secrets de tennis pour gagner plus!

"Ce que vous devez faire et de travailler sur pour gagner tout le temps!"

Par

Joseph Correa

INTRODUCTION

La préparation et le tactique que vous devez choisir avant chaque match jouent un rôle tres important dans les compétitions de tennis. Le savoir d' appliquer ces stratégies et ces idées peux vous aider à gagner plus de matches contre des adversaires plus forts.

Ces stratégies et ces idées vous permettront d'optimiser quatre choses:

1. Préparez-vous à un genre spécifique d' adversaire.
2. Savoir quelles contre-stratégie peut être efficacement utilisé.
3. Comment appliquer ces stratégies en fonction de votre style de jeu.
4. Gagner plus de matchs

Ce livre de stratégies et préparations pour les matchs de tennis est un livre de poche qui doit être conservé dans votre sac de tennis ou là où vous aurez un acces facile avant chaque match, ce qui vous permet de choisir la stratégie la plus adéquate pour celui-ci.

À PROPOS DE L' AUTEUR

Salut, je m'appelle Joseph Correa et je suis dans la formation et l'enseignement du tennis depuis plus de 15 ans. J'ai joué au tennis professionnel depuis des années et maintenant je suis un entraîneur professionnel certifié USPTR.

Après des années de compétition et de formation avec certains professionnels parmis les meilleurs dans le monde, j'ai appris que la plupart des joueurs peuvent bien réussir leurs compétitions en s'appuyant sur une très bonne formation mentale, physique et émotionnelle.

J'ai préparé la Première édition composée de DVD et des livres basés sur des techniques prouvées scientifiquement, des exercices et les stages nécessaires qui doivent être réalisés pas à pas pour atteindre vos objectifs.

Grâce à mon travail et mes supports pédagogiques, j'ai aidé des centaines de joueurs de tennis amateurs et professionnels a avancer dans leurs objectifs physiques et mentales pour atteindre résultats plus performants.

Je vous enseigne tout ce que je sais et qui va vous permettre d' atteindre vos objectifs, espérant que vous serez contents et pourquoi pas partager ces leçons et ces idées avec vos proches.

Bonne chance,

Joseph

TABLE DES MATIÈRES

À PROPOS DE L'AUTEUR

Astuce n° 1: Lancer la balle plus haut dans votre service

Astuce n° 2: l'étape de séparation avant chaque coup

Astuce n° 3: Investir plus de temps sur votre point de contact

Astuce n° 4: Suivez tous vos coups de fond

Astuce n° 5: travaillez sur la cohérence du service pour gagner plus souvent

Astuce n° 6: retournez plus de service en s'appuyant sur un meilleur jeu de jambe

Astuce n° 7: un bon échauffement avant le début du match pour commencer avec succès

Astuce n° 8: une séance d'étirement après chaque match pour être prêt au prochain adversaire

Astuce n° 9: Travaillez tous les points du match, en particulier les premiers points pour chaque jeu

Astuce n°10: Fermer les jeux sans hésitation avant qu'il ne soit trop tard et qu'ils seront difficiles à gagner

Astuce n°11: Restez positif quel que soit le score ou la situation du match

Astuce n°12: Développez votre force mentale et Utilisez votre intelligence pour gagner plus de matchs

Le meilleur livre de portant sur: 32 Stratégies de tennis pour les matchs d'aujourd'hui

Bonus: 5 erreurs que vous commettez et vous ne savez probablement pas

Autres titres par Joseph Correa

12 SECRETS DE TENNIS POUR GAGNER PLUS!

Astuce n ° 1: Lancer la balle plus haut dans votre service

La plupart des gens accusent leurs manière de frapper comme responsable de leurs erreurs, mais souvent, ca n'a rien avoir avec.

Les élément clés pour bien lancer la balle sont:

-gardez votre bras relaxe et assurez vous de tenir la balle doucement avec les doits de la main et non la paume.

-concentrez vous sur l'emplacement de la balle dans l'air plutôt que le lancement dans l'air, Cela rendra votre coup plus précis et cohérent.

-Si vous voulez frappez slice ou flat,le meilleur emplacement est toujours d'avancer un peut le pied. Et si c'est un kick vous devriez lancer la balle derrière la tête ou juste au-dessus, ca depend de la trajectoire que vous voulez créer. Pour être à jour en frappe vous devez s'entrainer à lancer, au moins 30 fois en 3 séances par semaine.

Si vous avez un mauvais lançage vous n'aurez jamais un bon service alors commencez à le prendre en compte pour améliorer votre service.

Astuce n ° 2: l'étape de séparation avant chaque coup

Certaines personnes pensent que leur lenteur nécessite plus de sprints ou courir cinq Km voir plus, ils ignorent que la formation est astucieuse plutôt que sévère.

Le split n'est rien qu'un saut avec les deux pieds qui vous aide à préparer la reception de la balle. Assurez-vous qu'ils restent à une distance basse.

Le split peut être réaliser en un saut court et rapide ou un saut haut et lent en fonction de la vitesse de la balle.

Un saut court et rapide pour un repositonnement rapide et un saut haut et lent pour des coups rebond haut et lifté.

Quand devez-vous faire le split?

Eh bien il ya un moment précis où vous devez faire le saut. C'est lorsque votre adversaire est en contact avec la balle, et cela pour atteindre rapidement n'importe qu'elle direction exigée.

Comment pratiquer le split?

Saut à la corde avec les deux pieds et en même temps vous aide à bâtir la force et l'endurance de sorte que vous perfecionnez ce saut lors de votre match.

Vous pouvez également pratiquer des sauts en arrière avec les deux pieds en même temps tout en les gardant sur la mêmedistance des épaules.

Faire la pliométrie, ou une formation de saut est aussi très efficace pour augmenter votre capacité de saut ce qui vous aidera à améliorer votre split. Attention, vous devez exercer avec modération, cette formation sur une surface molle sinon, vous risquez vos genoux.

Astuce n ° 3: Investir plus de temps sur votre point de contact

La plupart des gens croient qu'ils sont à la réception de la balle, et c'est vrais ils sont, mais pas à la réception impeccable.

Dans toutes les affiches des pros de tennis' avez-vous jamais remarqué qu'ils ont toujours le regard fixé sur la balle quand ils entrent en contact avec?

Parce qu'ils savent à quel point il est important pour leur jeu.

Le secret est d'apprendre à investir plus de temps pour garder les yeux sur la balle au point de contact et de ne pas détourner trop vite le regard vers sa destination. Une fois que vous avez frapper la balle, vous ne pouvez plus la faire orienter dans la cour. Tout ce qui importe, c'est le moment où vous entrez en contact.

Essayez ces techniques pour vous aider à investir plus de temps sur votre point de contact :

- Lors de tout contact avec la balle essayer de voir le nombre qui sur cette balle. Cela semble fou, mais ne pensez pas que c'est impossible. Vous pouvez essayer de voir la marque sur la balle aussi bien, mais essayer de voir le nombre marqué sur la balle est un défi suffisant.

- Essayez de regarder l'ombre de votre raquettes quand vous la balancer à l'entré du contact, afin de déterminer si votre raquette est orientée correctement pour rendre la balle dans la bonne direction. Pour certaines personnes, cela pourrait être une raquette droite tandis que d'autres peuvent avoir une raquette inclinée pour les Top Spin et les slice.

Lorsque vous balancer votre raquette vos yeux ne doivent jamais précipiter pour la voir encore, mais vous pouvez voir l'ombre ou la silhouette qu'elle a crée quand vous l'avez balancez, et c'est ca ce que vous devez se concentrer sur pour garder vos yeux sur le point de contacts.

- Un exercice difficile mais amusant,et vous devez avoir quelqu'un qui va vous lancer quelques balles pendant vos entrainements et aussi vous ne serez pas autorisé à voir où la va.Vous pouvez seulement se concentrer sur l'endroit où vous la frappé, en haut, en bas, au milieu ou à coté c'est ce que vous devez être en mesure de faire à chaque fois que vous frappez la balle.Au début, il sera difficile de résister à ne pas regarder où la balle tombe, mais en pratiquant, ça sera de plus en plus facile.

Astuce n ° 4: Suivez tous vos coups de fond

Souvent sous la pression, nous croyons tous que raccourcir les pivotements aide la balle de rester entre les lignes, mais c'est tout à fait le contraire.
suivre votre balancement est nécessaire pour perfectionner vos coups en tennis, achever juste un demi-balençement,vous donnera un demi résultat.Plus important encore, en répétant des mauvais balancement (ne pas suivre à travers) va seulement vous encourager à le refaire dans les match ou aussi si vous etes sous pression.La plupart des gens suivent un schéma similaire et raccourcissent leur balencement en fonction de l'augmentation de leur niveau de stress.Pour changer cela, vous devez commencer à s' habituer à suivre à travers les balancement , sur tous vos coups de fond et services.
Un bon exercice pour vous aider à s'améliorer en pratique autant que débutant, est que vous marquez un «X» avec les deux coudes aprés chaque balancement.Votre partenaire d'entraînement ou votre entraîneur doit être

capable de voir le "X" à chaque fois que vous avez terminé votre balancement et de cette façon vous prouvez que vous avez donné suite à votre coup. C'est un grand exercice pour les joueurs qui veulent améliorer leur suivi dans les situations de pression.

Astuce n ° 5: travaillez sur la cohérence du service pour gagner plus souvent

Servir un ace puis commettre une double faute, va tout simplement vous remettre là où vous étiez
Le secret d'améliorer la cohérence de votre service est de commencer à lancer la balle avec une vitesse progressive, de tel sorte que la trajectoire devient de plus en plus cohérente.
Être en mesure de réduire les doubles fautes que vous produisez dans un match peut avoir un grand effet sur les résultats du match.Gagner un jeu ou deux qu lieu de les perdre sous la forme de double faute peut signifier gagner plus de manche.

Les éléments de base pour l'amélioration de la cohérence du service sont:
- L'ajout d'une certaine rotation à votre service pour contrôler la direction.
- Répéter la même action encore et encore.Ne pas essayer de frapper la balle de plus en plus fort et ne changez pas

souvent vos coups de tel sorte que vous ne pouvez plus réaliser un slice ou un flat en les échangant trops souvent.

- Ne vous précipitez pas. Rebondir la balle plus souvent et respirez avant de servir pour vous aider à ralentir.

Servir n'est pas une course, il est à propos de l'achever aussi souvent que possible!

Astuce n ° 6: retournez plus de service en s'appuyant sur un meilleur jeu de jambe

Vos pieds sont reliés à vos mains et à votre cerveau, si votre jeu de jambes est bien juste, la reaction de vos mains et cerveau sera juste.

Quand vous vous tenez à la ligne de base pour retourner un service c'est comme le démarrage d'un moteur. Ce moteur doit se réchauffer avant d'aller à sa capacité maximale. La meilleure façon d'obtenir votre corps prêt à retourner un service est de laisser vos pieds en mouvement. Sauts de corde, sauter avec un seul pied en alternant les sauts sont tous de bons points de départ.

La pire des choses que vous pouvez faire pour retourner un service est de rester debout sur vos pieds à plat, alors assurez-vous d'être sur vos orteils ou au moins sur l'avant de vos pieds.

suivez en avant votre retour du service pour laisser votre corps comme un mur mobile dans lequel la balle va frapper pendant votre coup.

Le split et le déplacement avant de retourner le service, est la meilleure chose que vous pouvez faire et qui va certainement vous aider à retourner plus de services, peu importe la force ou le spin qu' ils viennent avec.

Astuce n ° 7: un bon échauffement avant le début du match pour commencer avec succès

Être en avance au score et en particulier la première manche, fait toute la différence

La plupart des gens font un léger échauffement qui comprend: l'étirement, la signature avec le directeur du tournoi ou arbitre, saluant les amis et se positonnent dans le terain pour commencer le match.

La bonne façon de se réchauffer avant votre match serait de:

- Faire des étirements dynamiques pour obtenir tout le corps prêt pour environ 15 minutes (ou plus si vous sentez que vous avez besoin de plus)
- Faire du jogging autour de la cour à quelques reprises avant , de côté, et vers l'arrière pour détendre les jambes et les pieds .
- Faire des coups léger avec quelqu'un que vous sentez à l'aise. Assurez vous de pratiquer toutes les coups que vous sentez utilisez probablement contre votre adversaire.

Les Coups de base qui devraient toujours être réchauffés sont: coup droit, revers, volée, et les services. Au plans le plus avancés, vous pourrez en plus vous: les coups droits et revers en angle, drop shots, slice, top spin lobs, etc

-Mettez des bandes de réchauffement si ca fait parti de votre échauffement habituel, sinon ne le mettez pas pour la première fois au debut d'un matche

-Vérifier votre sac pour vous assurer que vous avez quelque chose à boire, grips, serviette, chemise de rechange, chaussettes de rechange, etc.

Astuce n ° 8: une séance d'étirement après chaque match pour être prêt au prochain adversaire

Après avoir remporté le match, vous aurez probablement votre deuxième match dans les prochaines 48 heures, si vous vous relaxez plus, vous allez performer le matche prochain plus.

Apprendre à s'habituer de s'étirer après chaque match, peu importe ce que les résultats de votre match sont. Parfois, si vous gagnez, vous décidez de célébrer et vous oubliez les étirements. Par contre quand vous perdez vous jugez que ce n' est pas la peine de faire les étirements car vous avez perdu votre match et ça ne fait aucune différence puisque vous n'avez pas de prochain adversaire aujourd'hui, demain ou toute la semaine.

La bonne façon d' atteindre cette habitude est de comprendre que l' amélioration nécessite une continuité qui ne s' est produite pas en un jour ou une semaine.

 Il faut du temps pour améliorer doucement votre jeu et pour le faire, vous devez assurez le plus souvent possible que toutes les pièces du puzzle soient en développement continu. Une des pièces les plus importantes du puzzle comprend votre mobilité globale qui implique de devenir plus agile et flexible. Le meilleur temps pour l' étirement, c'est quand vous êtes très chaud et avez travaillé jusqu'à la sueur. C'est pourquoi vous devez le faire juste après vos matchs.

Astuce n° 9: Travaillez tous les points du match, en particulier les premiers pour chaque jeu

Avez vous deja penser au point du match le plus important? Eh bien, c'est eux tous car ils ont la même valeur. Vous avez juste a accumuler assez d'eux pour gagner le match.

Quelques points sont plus importants en raison du score ou le moment où ils sont joués.Pour etre en avance dans la plupart des matchs de tennis il faut mettre en priorité de travailler plus sur les premiers points de chaque jeu pour commencer l' enchaînement dans chaque match. Les chances seront toujours en votre faveur lorsque vous commencez à gagner les premiers points de chaque jeu et surtout après avoir gagné la première manche.Il est dit que la plupart des joueurs qui gagnent la première manche gagner le match à 70% ce qui vous indique l'importance de gagner cette première manche et de l'achever à partir du premier point.

Plusieur fois, en commençant par un avantage de 15-0 ou 30-0 à chaque jeu vous donnera un avantage psychique et met votre adversaire sous pression qui par la suite perturbe sa concentration. Cela sera reflété à plusieurs reprises avec des erreurs en cherchant des points agressifs.

Travailler tous les points du match et vous allez voir comment vous ferez des merveilles pour vos jeu et vous allez être encore surpris avec des victoires que vous ne vous attendiez pas.

Astuce n°10: Fermer les jeux sans hésitation avant qu'il ne soit trop tard et qu'ils seront difficiles à gagner

Vous avez du mal à gagner? il se peut que vous ne fassiez pas la chose la plus nécessaire pour gagner.

Gagner et fermer les matchs est très important alors allons-y aborder quand vous avez la chance de fermer un match.

Tout d'abord, comprendre ce que vous avez fait pour gagner des points dans le match pourra probablement vous aidez à gagner la balle de match exactement comme vous l'avez fait avant.

Deuxièmement, malgré votre état de fatigue, ne laissez pas votre corps immobile. Gardez vos pieds en mouvement et la tête haute.

Troisièmement, rester positif! Si votre adversaire frappe un coup agressif et on ne pouvait pas faire quelque chose, n'insister pas sur et ne se décourager pas. Combien de coups agressif pensez-vous qu'ils peuvent frapper dans une rangée? Pas assez pour vous empêcher de gagner la balle de match.

Quatrièmement, apprendre à ne pas se précipiter sur la balle de match. La plupart des erreurs et les mauvaises décisions se produisent lorsque vous vous précipitez. Prenez votre temps et faire les choses à votre propre rythme, même si votre adversaire se plaint que vous allez trop lentement.

Enfin, apprendre à transférer la pression à votre adversaire en lui renvoyant au filet et les forcer au volley ou tout simplement de les transmettre. Vous pouvez également profiter de leur côté le plus faible et les forcer à vous transmettre, au lieu qu'ils jouent en toute confiance.

Astuce n°11: Restez positif quel que soit le score ou la situation du match

Perdre un point, deux ou même tout un jeu n'est pas une raison suffisante pour abandoner le reste d'une manche voir *même un* match aller en raison de la négativité. Trop souvent je vois les jeunes joueurs perdent un nombre importants de points ou meme une manche. Cette perte de la patience doit être corrigé avec la pensée positive et la conviction qu'ils ont encore une bonne chance de gagner le match.

De plus en plus souvent, les joueurs de tennis professionnels embauchent des psychologues du sport pour les aider à devlopper leur force mentale simplement parce qu'ils comprennent à quel point cet aspect de leur jeu peut signifier pour eux. La plupart du temps les athlètes professionnels apprennent à rester positif dans des situations de pression. Peu importe où la pression vient.

Certains des meilleures façons de vous entraîner à rester positif sont:

- Notez sur un papier collant «rester positif» ou «ne pas abandonner» ou «continuer le combat» et le coller sur l'intérieur de votre raquette où vous pouvez le voir souvent. L'intérieur du col de la raquette juste au-dessus de la poignée est généralement le meilleur endroit. Cela vous rappeler ce que vous devez faire.

- Maintenir toujours l'aspect positif de vous-même. Comment vous vous portez vous-même, vous indiquer comment votre adversaire vous voit et ils devraient vous voir avec: votre tête, les épaules en arrière, le déplacement de vos pieds, le dos droit, etc

- En overs de changement mettre votre serviette sur votre tête et oublier tout, simplement respirer. Une fois que vous enlevez la serviette vers que vous vous levez, reflétez l'aspect d'un champion comme si vous avez déjà gagné le match.

Astuce n°12: Développez votre force mentale et Utilisez votre intelligence pour gagner plus de matchs

Le muscle le plus important dans votre corps est habituellement le plus utilisé, et ca ne devrait pas l'être. Votre cerveau peut être votre meilleur allié ou votre pire ennemi. Savoir comment l'utiliser peut bénéficier n'importe quel joueur à n'importe quel niveau. Apprenez à améliorer votre attention, la concentration, le calme, le processus de la pensée, rester positif.

Essayez ces techniques:

- Utilisez des mots clés comme positifs: vous pouvez faire, continuer, maintenent votre chance, met le service dedans , juste continuer à courir , un point de plus , et garder la tête haute
- Utilisez un langage corporel positif pour programmer votre cerveau vers le succès.
- Gardez votre esprit et les yeux sur la balle et sur votre cour seulement.
- Travailler plus sur la cohérence car il est l'un des meilleurs moyens d'augmenter votre capacité de

concentration. Gagner un point est bonne, mais gagner le match nécessite plus d'un point.

- Respirez entre les jeux, dans points et dans change overs. Ne retenez pas votre souffle parceque votre cerveau a besoin d'oxygène pour fonctionner et de rester concentré.

- Travaillez sur la formation visuelle pour aider vos yeux de rester concentré sur la balle.

- Pratiquez une certaine prévision avant le match pour vous aider à préparer ce que vous devez faire sur le terrain plus tard ou le lendemain. Pour certaines personnes, c'est incroyablement puissant alors essayez ça. Visualisez votre match et des points et des coups que vous voulez faire dans le match dans votre esprit, afin que votre corps sait ce qu'il faut faire.

Le meilleur livre du tennis moderne, basé en 32 Stratgies

Par Joseph Correa (joueur pros de tennis et entraîneur)

Joseph Correa, vous enseigne les stratégies de tennis les plus importants pour vous aider à maximiser votre potentiel.

Et de savoir plus sur:

- Les stratégies de base de tennis

- Stratégies de tennis avancées

- Stratégies de tennis mentale

- Et plus encore...

Certaines des stratégies que vous allez apprendre à faire sont : Comment battre un joueur tout- cour .

Vous pouvez en apprendre davantage:

Comment battre le "rusher net ".

Comment surmonter " Löbbers " .

Que faire après avoir faire une double faute.

Apprenez des meilleurs stratégies qui vous fera gagner plus de matchs et de penser mieux dedans et dehors du terrain.

Gagner plus de matchs en utilisant la bonne stratégie pour chaque situation. Chaque joueur est différent par son propre style de jeu. Certains joueurs préfèrent rester sur la ligne de base, tandis que d'autres préfèrent se précipiter au filet. Ce livre va vous donner la réponse à vos questions de stratégie. Ces 32 stratégies vont vous apprendre à battre de nombreux types de joueurs et vous aidera à surmonter les obstacles mentaux à travers des stratégies mentales spécifiques qui sont inclus dans ce livre.

BONUS: 5 ERREURS QUE VOUS COMMETTEZ ET VOUS NE SAVEZ PROBABLEMENT PAS

1. Regardez vous les matchs des autres joueurs?

Commencer à se concentrer sur votre propre match et non pas sur votre entourage.

2. Avez-vous trouvé vous-même debout autour de la cour?

Travailler sur le maintien de vos pieds en mouvement quand vous n'êtes pas sur le passage. Quelque chose très simple à faire, mais très efficace, commencer à le faire.

3. Abandonnez-vous après avoir perdu la première manche?

La plupart des gens ne remarquent pas à quelle vitesse le deuxième jeu passe après avoir perdu la première manche.Ne vous laissez pas perdre la première manchet vous faire tomber.Laissez votre esprit se focaliser sur un travail de point par point et jeu par jeu, et non plus fixé l'ensemble.

4. Marchez vous dans la bonne route quand vous vous assiérez?

90% du match se joue dans votre esprit alors apprenez à prendre le temps de s'asseoir et de réfléchir. Faire des changements et d'ajuster ce qui doit etre régler jusqu'à ce que votre jeu devient mieu et en s'appuyant sur la bonne stratégie pour pouvoir gagner plus de points.

5. Vous n'avez pas besoin de boire des liquides, la nuit ou le matin avant votre match?

D' où pensez-vous toute la sueur vient quand vous jouez la première manche ? Vous l'avez deviné! Des liquides que vous avez bu au moins une heure avant le match. Avoir à aller à la salle de bain n'est pas un problème, c'est la déshydratation qui est le problème. Buvez des liquides avant et après votre match tant que vous ne saviez pas si vous aurez à jouer une troisième manche ou même deux matchs en une journée.

PLUS DE LIVRES PAR JOSEPH CORREA

1 programme de formation en Service de tennis plus fort

Ce DVD vous enseignera la manière de servir 10-20 mph plus rapide dans un programme jour par jour dans en durée de 3 mois. Le meilleur programme de formation en service disposé sur le marché. Le Vidéo comprend un programme de formation en 3 mois avec un manuelle en étape par étape.Le DVD vous montre comment faire les exercices correctement et le processus vous devez suivre afin de réussir avec le programme .

Joseph Correa est un joueur de tennis professionnel et entraîneur qui a participé et enseigné partout dans le monde à l'ITF et tournois ATP depuis de nombreuses années . En plus d'être un joueur de tennis professionnel, il a une certification d'entraîneur professionnel USPTR et la certification ITF entraîneurs des enfants .

2 Les 33 lois de Tennis

Les 33 lois de Tennis est un livre de tennis plein de concepts précieux pour vous aider à devenir un joueur de tennis de mieux en mieux préparés. Ce livre a été écrit par un joueur de tennis professionnel et entraîneur aux Etats-Unis . C'est un livre très utile qui vous sera utile lorsque vous y attendez le moins et vous rappellera de nombreux petits mais importants choses avant la compétition .

3 Le jeu des gambe en tennis et Cardio par Joseph Correa

Joseph Correa est un joueur de tennis professionnel et entraîneur qui a participé et enseigné partout dans le monde à l'ITF et tournois ATP depuis de nombreuses années . En plus d'être un joueur de tennis professionnel, il a une certification d'entraîneur professionnel USPTR et la certification ITF entraîneurs des enfants .

Être en meilleure forme et améliorer votre mobilité dedans et en dehors le terain du tennis. L'entrainnement de vos pied permettra d'améliorer considérablement ainsi que renforcer votre l'interieur et le haut du corps.Un régime est fait pour les athlètes sérieux quel que soit votre niveau. Vous devenez plus rapide, plus fort, et plus agile dans le terrain ainsi que de voir une amélioration continue de l'accélération dans vos coups de fond et service

4   Yoga Tennis par Joseph Correa

Yoga Tennis par Joseph Correa est un excellent moyen pour améliorer votre souplesse et agilité dans le terrain. Atteindre plus de balles et avoir moins de blessures.C'est un excellent moyen pour gagner plus en travaillant sur une autre qualité de jeu.Le DVD dure environ 30 minutes. Utilisé par les joueurs de tennis amateurs et professionnels pour améliorer leur jeu et persister plus longtemps dans les matches.C'est le meilleur moyen pour qu'un joueur de tennis devient plus flexible et se débarrasser des blessures de genou, épaule , cuisse , mollet, et quadriceps.Vous serez heureux quand vous démarrez !

Il s'agit d'une version révisée de notre MBS Yoga Tennis 2012.

5   Tennis Abs par Joseph Correa

Tennis Abs est un excellent moyen de renforcer votre coeur pour sert un service plus puissant. coups droits, revers ainsi que des salves plus fortes. Avoir la serie ABS est la la clé pour un meilleur jeu. Ce DVD fonctionne sur de nombreux types de craquements, des sit-ups, et les abdominaux latéraux et exercices pour le dos que vous ne trouverez pas dans d'autres vidéos abdominaux. Sentez-vous confiant lorsque vous changez votre chemise pendant votre match et frapper la balle plus fort !

APERÇU DU LIVRE

114 Stratégies, Tactiques, Et Exercices En Tennis:

Améliorer Votre Jeu Dans 10 Jours

61 FRAPPES COUPS DROITS CROISÉS EN DESSUS DU CORDE (LIGNE MEDIANE SEPARANT PARALLEMENT AU FILETS LES CARÉES DE SERVICE AU RESTE DU TERRAIN) :

Dans cette exercice, vous allez frappez coups droits croisé en utilisant un lift et en dessus du corde de l'autre bout du filet. Les balles seront lancer de l'autre bout du filet par quelqu'un d'autre, assurez-vous de travailler sur le contrôle et la précision.

62 FRAPPES REVERS CROISÉ EN DESSUS DU CORDE :

Dans cette exercice, vous allez frappez revers croisé en utilisant un lift et en dessus du corde de l'autre bout du filet. Les balles seront lancer de l'autre bout du filet par quelqu'un d'autre, assurez-vous de travailler sur le contrôle et la précision.

63 FRAPPES COUPS DROITS EN DESSUS DU CORDE ET EN DESSUS DU CORDE EN DESSOUS DE LA LIGNE :

Dans cette exercice, vous allez frappez des coups droit en dessus du corde et en utilisant un effet lift tout en gardant la balle profondément en dessous de la ligne. Assurez-vous de bien travailler sur le suivi des coups et l'utilisation de vos pieds pour générer l'effet nécessaire. Cela peut être une très bonne stratégie contre les adversaires qui ont un faible revers ou ont des troubles avec les balles frappées en une hauteur moyenne ou même en hauteur. Cette exercice se fait surtout en utilisant un lift.

64 FRAPPES REVERS EN DESSUS DU CORDE ET EN DESSOUS DE LA LIGNE :

Dans cette exercice, vous allez frappez revers en dessus du corde et en utilisant un effet lift tout en gardant la balle profondément en dessous de la ligne. Assurez-vous de bien travailler sur le suivi des coups et l'utilisation de vos pieds pour générer l'effet nécessaire. Cela peut être une très bonne stratégie contre les adversaires qui ont un faible revers ou ont des troubles avec les balles frappées en une hauteur moyenne ou même en hauteur. Cette exercice se fait surtout en utilisant un lift.

65 FRAPPES EN DESSUS DU CORDE EN ALTERNANT COUPS DROITS CROISÉS ET REVERS CROISÉS :

Dans cette exercice, vous allez frappez en dessus du corde coups droits croisé en utilisant un lift juste après, vous frappez un revers croisé. Assurez-vous de toujours garder la balle dedans et aussi sur le suivi des coups et l'utilisation de vos pieds pour générer l'effet nécessaire. Cela peut être des bons coups d'attaque si votre adversaire ne bouge pas assez. Cette exercice se fait surtout en utilisant un lift.

66 FRAPPES EN DESSUS DU CORDE ET EN DESSOUS DE LA LIGNE EN ALTERNANT COUPS DROITS ET REVERS :

Dans cette exercice, vous allez frapper coups droits en dessus de la ligne et juste après vous frappez un revers en arrière de la ligne aussi. Assurez-vous de toujours garder la balle dedans et aussi sur le suivi des coups et l'utilisation de vos pieds pour générer l'effet nécessaire. Cela peut être des bons coups d'attaque si votre adversaire ne bouge pas assez. Cette exercice se fait surtout en utilisant un lift.

67 FRAPPES COUPS DROITS CROISÉS EN DESSOUS DU CORDE :

Dans cette exercice, vous allez frappez des coups droit croisé en dessous du corde et en utilisant un lift tout en gardant la balle dans la cour. Assurez-vous de bien travailler sur le suivi des coups et l'utilisation de vos pieds pour générer l'effet nécessaire. Cela peut être un très bon cou contre les adversaires qui ont un faible revers que vous. Cette exercice se fait surtout en utilisant un lift.

68 FRAPPES REVERS CROISÉS EN DESSOUS DU CORDE :

Dans cette exercice, vous allez frappez des revers croisé en dessous du corde et en utilisant un lift tout en gardant la balle à l'intérieur. Assurez-vous de bien travailler sur le suivi des coups et l'utilisation de vos pieds pour générer l'effet nécessaire. Cela peut être un très bon cou contre les adversaires qui ont un faible coup droit que vous. Cette exercice se fait surtout en utilisant un lift.

69 FRAPPES COUPS DROITS EN DESSOUS DU CORDE :

Dans cette exercice, vous allez frappez des coups droit en dessous du corde et en utilisant un lift tout en gardant la balle dans la cour. Assurez-vous de bien travailler sur le suivi des coups et l'utilisation de vos pieds pour générer l'effet nécessaire. Cela peut être un très bon coup contre les adversaires qui ont un faible revers que vous. Cette exercice se fait surtout en utilisant un lift.

70 FRAPPES REVERS EN DESSOUS DU CORDE :

Dans cette exercice, vous allez frappez des revers en dessous du corde et en utilisant un lift tout en gardant la balle dans la cour. Assurez-vous de bien travailler sur le suivi des coups et l'utilisation de vos pieds pour générer l'effet nécessaire. Cela peut être un très bon cou contre les adversaires qui ont un faible coup droit que vous. Cette exercice se fait surtout en utilisant un lift.

71 FRAPPES EN DESSOUS DU CRODE EN ALTERNANT COUPS DROITS CROISÉS ET REVERS CROISÉS :

Dans cette exercice, vous allez frappez coups droits croisé en dessous du corde et juste après vous frappez un revers croisé en dessous du corde aussi. Assurez-vous de toujours garder la balle dedans et aussi sur le suivi des coups et l'utilisation de vos pieds pour générer l'effet nécessaire. Cela peut être des bons coups d'attaque si votre adversaire ne bouge pas assez. Cette exercice se fait surtout en utilisant un lift.

72 FRAPPES EN DESSOUS DU CORDE EN ALTERNANT COUPS DROITS ET REVERS:

Dans cette exercice, vous allez frappez coups droits en dessous du corde et juste après vous frappez un revers en dessous du corde aussi. Assurez-vous de toujours garder la balle dedans et aussi sur le suivi des coups et l'utilisation de vos pieds pour générer l'effet nécessaire. Cela peut être des bons coups d'attaque si votre adversaire ne bouge pas assez. Cette exercice se fait surtout en utilisant un lift.

EN DESSUS DU CORDE

73 ENCHAÎNEMET EN DESSUS DU CORDE DE 20 COUPS DROITS CROISÉS SUCCESSIVES:

Pour cette exercice vous devez jouer des coups droits croisés en dessus du corde, tout en gardant la balle dedans. Votre entraîneur ou votre ami doit jouer en retour de vos frappes des coups droits croisés aussi. L'objectif est que vous faite 20 coups retour sans échec et si vous ne réussirez pas à enchaîner vous devez recommencer à zéro, il faut continuer jusqu'à avoir faire 20 coups en retour aux frappes de votre entraîneur. Cette exercice s'effectue souvent en utilisant un lift

74 ENCHAÎNEMET EN DESSUS DU CORDE DE 20 REVERS CROISÉS SUCCESSIVES :

Pour cette exercice vous devez jouer des revers croisés en dessus du corde, tout en gardant la balle dedans. Votre entraîneur ou votre ami doit jouer en retour de vos frappes des revers croisés aussi. L'objectif est que vous faite 20 coups retour sans échec et si vous ne réussirez pas à enchaîner vous devez recommencer à zéro, il faut continuer jusqu'à avoir faire 20 coups en retour aux frappes de votre entraîneur. Cette exercice s'effectue souvent en utilisant un lift

75 ENCHAÎNEMET EN DESSUS DU CORDE DE 20 COUPS ALTERNÉS DROITS REVERS EN DESSOUS DE LA LGINE :

Pour cette exercice vous devez jouer des coups droits en dessus du corde, tout en gardant la balle dedans en dessous de la ligne. Votre entraîneur ou votre ami doit jouer en retour de vos frappes des revers. L'objectif est que vous faite 20 coups retour sans échec et si vous ne réussirez pas à enchaîner vous devez recommencer à zéro, il faut continuer jusqu'à avoir faire 20 coups en retour aux frappes de votre entraîneur. Cet exercice s'effectue souvent en utilisant un lift

76 ENCHAÎNEMET EN DESSUS DU CORDE DE 20 COUPS ALTERNÉS REVERS DROITS EN DESSOUS DE LA LGINE :

Pour cette exercice vous devez jouer des revers en dessus du corde, tout en gardant la balle dedans et en dessous de la ligne. Votre entraîneur ou votre ami doit jouer en retour de vos frappes des coups droits en dessous de la ligne. L'objectif est que vous faite 20 coups retour sans échec et si vous ne réussirez pas à enchaîner vous devez recommencer à zéro, il faut continuer jusqu'à avoir faire 20 coups en retour aux frappes de votre entraîneur. Cet exercice s'effectue souvent en utilisant un lift

77 ENCHAÎNEMET EN DESSUS DU CORDE DE 20 COUPS, UN DES JOUEURS FRAPPE CROISÉ TANDIS QUE L'AUTRE FRAPPE DES COUPS EN DESSOUS DE LA LGINE :

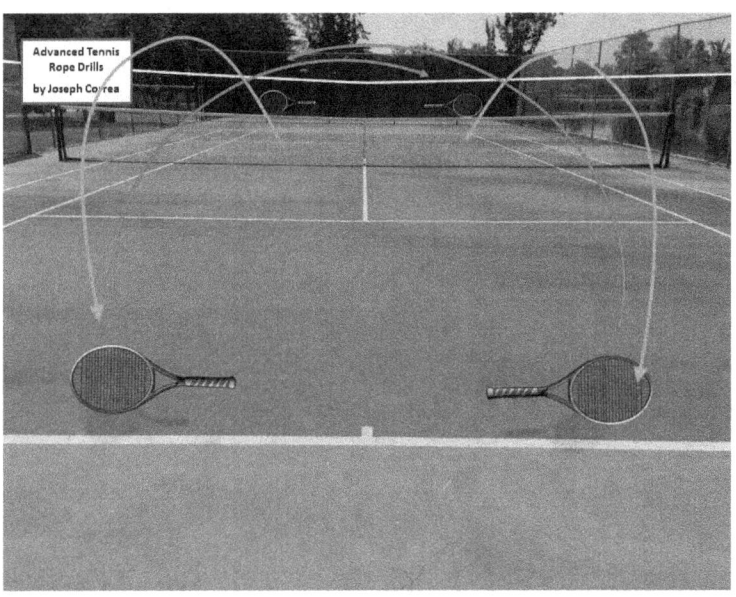

Pour cette exercice vous devez frapper en dessus du corde un coup droit croisé avec lift tout en gardant la balle dedans en retour votre entraîneur frappe en dessous de la ligne sur votre revers et vous retournez un coup croisé vers son revers et par la suite il retourne un revers en dessous de la ligne en votre coup droit et continuez cette séquence. L'objectif est d'atteindre 20 frappes sans échec, chaque frappe compte un coup sinon reprenez à zéro.

Cet exercice s'effectue souvent en utilisant un lift

78 ENCHAÎNEMET EN DESSUS DU CORDE DE 20 COUPS, UN DES JOUEURS FRAPPE EN DESSOUS DE LA LIGNE TANDIS QUE L'AUTRE FRAPPE DES COUPS CROISÉS :

Pour cette exercice vous devez frapper en dessus du corde un coup droit avec lift en dessous de la ligne tout en gardant la balle dedans en retour votre entraîneur frappe coup croisé sur votre revers et vous retournez un coup en dessous de la ligne vers son revers et par la suite il retourne un coup croisé sur votre coup droit. Et continuez cette séquence. L'objectif est d'atteindre 20 frappes sans échec, chaque frappe compte un coup sinon reprenez à zéro.

Cet exercice s'effectue souvent en utilisant un lift

EN DESSOUS DU CORDE

79 ENCHAÎNEMET EN DESSOUS DU CORDE DE 20 COUPS, DROITS CROISÉS SUCCESSIVES :

Pour cette exercice vous devez jouer des coups droits croisés en dessous du corde, tout en gardant la balle dedans. Votre entraîneur ou votre ami doit jouer en retour de vos frappes des coups droits croisés aussi. L'objectif est que vous faite 20 coups retour sans échec et si vous ne réussirez pas à enchaîner vous devez recommencer à zéro, il faut continuer jusqu'à avoir faire 20 coups en retour aux frappes de votre entraîneur. Cette exercice s'effectue souvent en utilisant un lift

80 ENCHAÎNEMET EN DESSOUS DU CORDE DE 20 COUPS, REVERS CROISÉS SUCCESSIVES :

Pour cette exercice vous devez jouer des revers en dessous du corde, tout en gardant la balle dedans. Votre entraîneur ou votre ami doit jouer en retour de vos frappes des revers croisés aussi. L'objectif est que vous faite 20 coups retour sans échec et si vous ne réussirez pas à enchaîner vous devez recommencer à zéro, il faut continuer jusqu'à avoir faire 20 coups en retour aux frappes de votre entraîneur. Cet exercice s'effectue souvent en utilisant un lift

81 ENCHAÎNEMET EN DESSOUS DU CORDE DE 20 COUPS, UN DES JOUEURS FRAPPE ALTERNÉS EN DESSOUS DE LA LIGNE COUPS DROITS REVERS :

Pour cet exercice vous devez jouer des coups droits en dessous du corde, tout en gardant la balle dedans en dessous de la ligne. Votre entraîneur ou votre ami doit jouer en retour de vos frappes des revers. L'objectif est que vous faite 20 coups retour sans échec et si vous ne réussirez pas à enchaîner vous devez recommencer à zéro, il faut continuer jusqu'à avoir faire 20 coups en retour aux frappes de votre entraîneur. Cette exercice s'effectue souvent en utilisant un lift

82 ENCHAÎNEMET EN DESSOUS DU CORDE DE 20 COUPS, EN DESSOUS DE LA LIGNE ALTERNÉS REVERS COUPS DROITS :

Pour cette exercice vous devez frappez des revers en dessous du corde, tout en gardant la balle dedans et en dessous de la ligne. Votre entraîneur ou votre ami doit jouer en retour de vos frappes des coups droits en dessous de la ligne. L'objectif est que vous faite 20 coups retour sans échec et si vous ne réussirez pas à enchaîner vous devez recommencer à zéro, il faut continuer jusqu'à avoir faire 20 coups en retour aux frappes de votre entraîneur. Cet exercice s'effectue souvent en utilisant un lift

83 ENCHAÎNEMET EN DESSOUS DU CORDE DE 20 COUPS REVERS CROISÉS ET SLICIÉS :

Pour cette exercice vous devez frappez des revers croisés et slicés en dessous du corde. Votre entraîneur ou votre ami doit frappez en retour des coups croisés slicés. L'objectif est que vous faite 20 coups retour sans échec et si vous ne réussirez pas à enchaîner vous devez recommencer à zéro, il faut continuer jusqu'à avoir faire 20 coups en retour aux frappes de votre entraîneur. Cet exercice s'effectue souvent en utilisant un lift

84 ENCHAÎNEMET EN DESSOUS DU CORDE DE 20 COUPS, UN DES JOUEURS FRAPPE CROISÉ TANDIS QUE L'AUTRE FRAPPE DES COUPS EN DESSOUS DE LA LIGNE EN CRÉEANT LA FIGURE 8 :

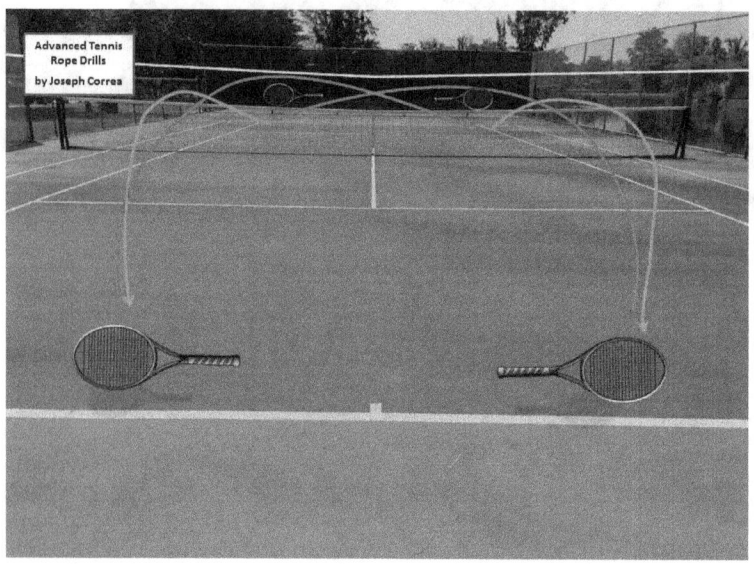

Pour cette exercice vous devez frapper en dessous du corde un coup droit croisé avec lift tout en gardant la balle dedans en retour votre entraîneur frappe en dessous de la ligne sur votre revers et vous retournez un coup croisé vers son revers et par la suite il retourne un revers en dessous de la ligne en votre coup droit et continuez cette séquence. L'objectif est d'atteindre 20 frappes sans échec, chaque frappe compte un coup sinon reprenez à zéro.

Cet exercice s'effectue souvent en utilisant un lift

www.ingramcontent.com/pod-product-compliance
Lightning Source LLC
Chambersburg PA
CBHW052124070526
44586CB00016B/2069